Círculos

Teddy Borth

¡FORMAS DIVERTIDAS!

Abdo
Kids

abdopublishing.com

Published by Abdo Kids, a division of ABDO, PO Box 398166, Minneapolis, Minnesota 55439.
Copyright © 2017 by Abdo Consulting Group, Inc. International copyrights reserved in all countries.
No part of this book may be reproduced in any form without written permission from the publisher.

Printed in the United States of America, North Mankato, Minnesota.

102016

012017

 THIS BOOK CONTAINS
RECYCLED MATERIALS

Spanish Translator: Maria Puchol

Photo Credits: Getty Images, iStock, Shutterstock

Production Contributors: Teddy Borth, Jennie Forsberg, Grace Hansen

Design Contributors: Candice Keimig, Dorothy Toth

Publisher's Cataloging-in-Publication Data

Names: Borth, Teddy, author.

Title: Círculos / by Teddy Borth.

Other titles: Circles. Spanish

Description: Minneapolis, MN : Abdo Kids, 2017. | Series: ¡Formas divertidas! |
    Includes bibliographical references and index.

Identifiers: LCCN 2016947294 | ISBN 9781624026157 (lib. bdg.) |
    ISBN 9781624028397 (ebook)

Subjects: LCSH: Circles--Juvenile literature. | Geometry--Juvenile literature. |
    Shapes--Juvenile literature. | Spanish language materials--Juvenile literature.

Classification: DDC 516/.152--dc23

LC record available at http://lccn.loc.gov/2016947294

Contenido

Círculos

Los círculos son redondos.
La medida desde el borde
del círculo hasta el centro
es siempre la misma.

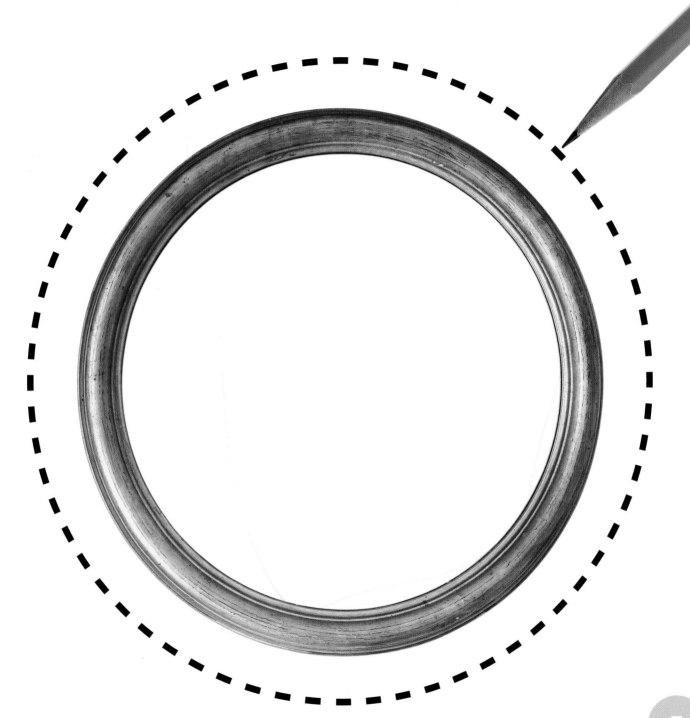

¡Hay círculos por todas partes!

Vemos círculos en las ruedas.

Hay ruedas en los autos.

Los malabaristas también usan círculos. Los llaman aros.

Hay círculos en la comida.

¡A la familia de Max le encanta la pizza!

Hay círculos que nos muestran la hora. Son los relojes.

Los hula hula son círculos.
¡Fran lo mantiene dando
vueltas durante 5 minutos!

Vemos círculos en el dinero.

Liz cuenta las monedas.

¡Mira a tu alrededor! Seguro que verás algún círculo.

¡Cuenta los círculos!

Glosario

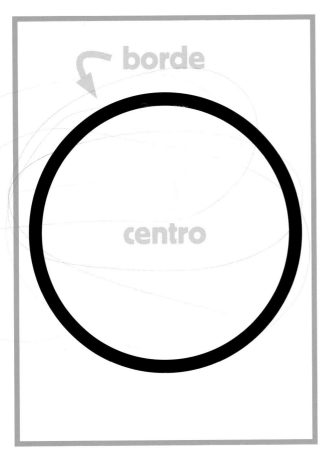

borde

línea que muestra el principio o el final de un objeto.

centro

punto dentro de un círculo que está a la misma distancia de cualquier punto del borde del círculo.

Índice

abdokids.com

¡Usa este código para entrar en abdokids.com y tener acceso a juegos, arte, videos y mucho más!

Código Abdo Kids:
SCK1422